I0123090

ÉTUDE PHYSIOLOGIQUE & THÉRAPEUTIQUE

SUR

L'ACTION ET LA RÉACTION

EN HYDROTHÉRAPIE

PAR

Le Dᴿ Fernand BOTTEY

Ancien interne des hôpitaux de Paris
Secrétaire de la Société d'hydrologie médicale
Membre de la Société médico-pratique
Membre correspondant de la Société anatomique
Médecin de l'Établissement hydrothérapique
de Divonne (Ain).

PARIS

IMPRIMERIE F. LEVÉ

RUE CASSETTE, 17

--

1888

158

ÉTUDE PHYSIOLOGIQUE & THÉRAPEUTIQUE

SUR

L'ACTION ET LA RÉACTION

EN HYDROTHÉRAPIE

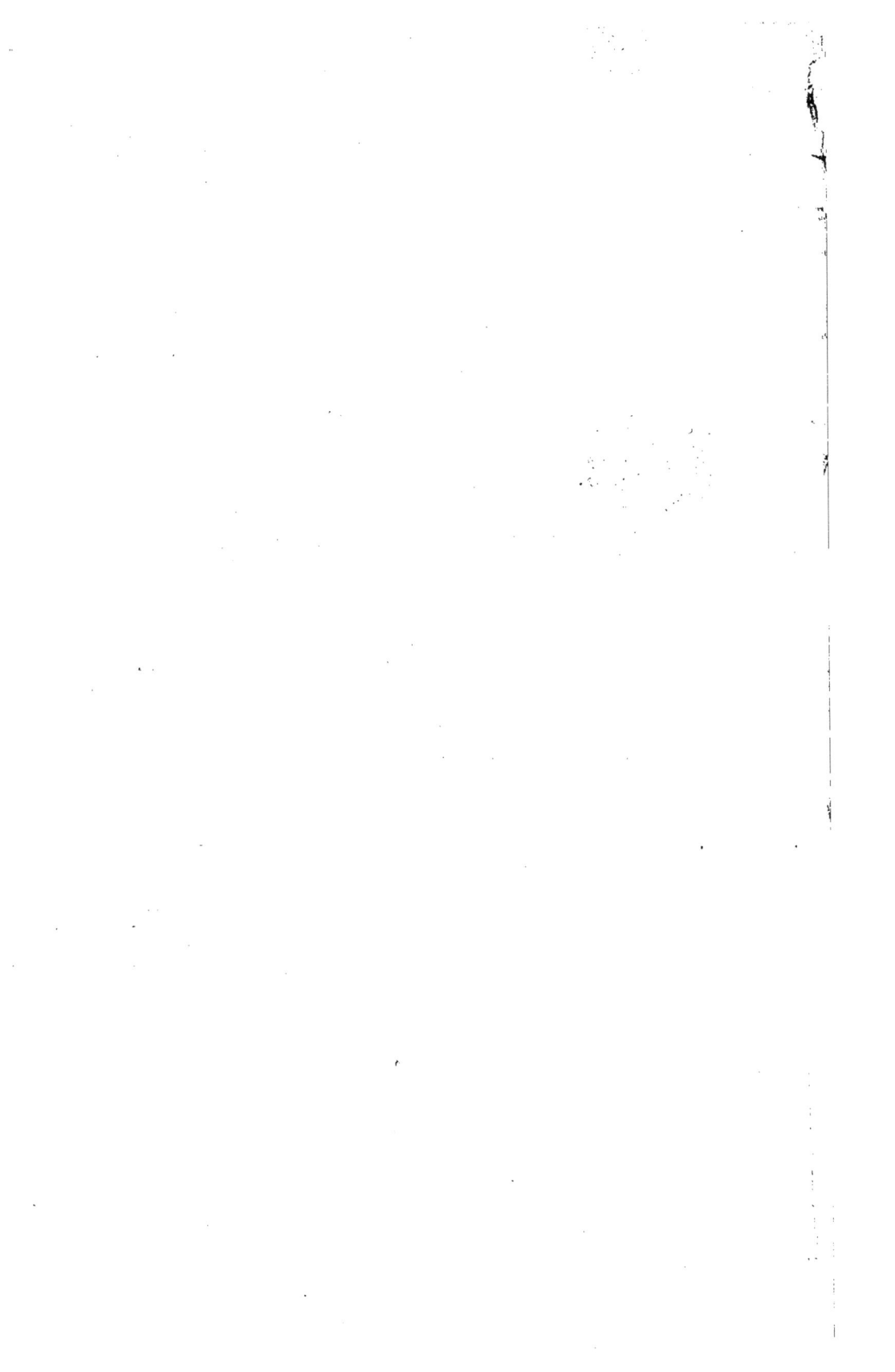

ETUDE PHYSIOLOGIQUE & THÉRAPEUTIQUE

SUR

L'ACTION ET LA RÉACTION

EN HYDROTHÉRAPIE

PAR

Le Dr Fernand BOTTEY

Ancien interne des hôpitaux de Paris
Secrétaire de la Société d'hydrologie médicale
Membre de la Société médico-pratique
Membre correspondant de la Société anatomique

Médecin de l'Établissement hydrothérapique
de Divonne (Ain).

———

PARIS

IMPRIMERIE F. LEVÉ

RUE CASSETTE, 17

—

1888

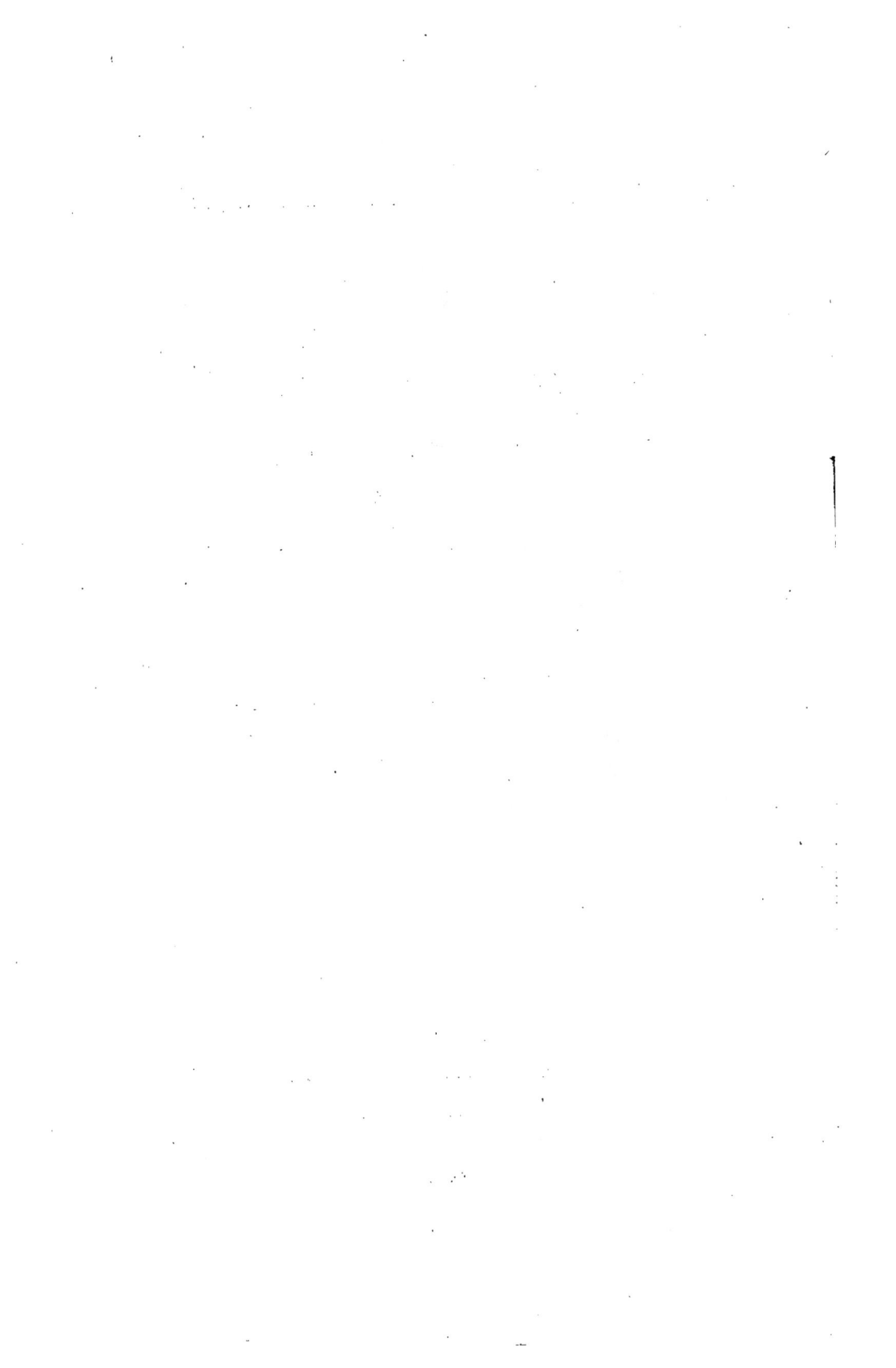

ÉTUDE PHYSIOLOGIQUE ET THÉRAPEUTIQUE

L'ACTION ET LA RÉACTION

EN HYDROTHÉRAPIE

§ 1. — CONSIDÉRATIONS GÉNÉRALES SUR L'ÉVOLUTION DE LA TEMPÉRATURE CENTRALE APRÈS UNE APPLICATION FROIDE.

Après une application froide, même de très courte durée, soit en douche, soit en immersion dans une piscine, la température du corps est toujours abaissée : telle est la loi générale, qui ne souffre que de bien rares exceptions. Mais cette chute de la température centrale ne se produit pas toujours d'emblée : elle est souvent précédée d'une élévation temporaire de la chaleur animale.

Sur un relevé de 34 opérations hydrothérapiques (1) (douches et piscines) à 7°, de 3 et de 10 secondes de durée, nous trouvons que la réfrigération du corps a été précédée 16 fois d'une élévation passagère de la température sub-linguale : cette élévation a varié d'un à trois dixièmes de degré ; la durée moyenne pendant laquelle elle se maintient est de

---

(1) Relevé portant à la fois sur les expériences qui sont consignées dans ce travail et sur celles qui lui sont antérieures.

10 minutes environ, après quoi elle fait place à l'abaissement progressif de la température, résultante finale de toute application froide.

Dans les 18 autres cas, la température centrale a été abaissée d'emblée, plus ou moins rapidement après l'opération hydriatrique.

L'évolution de la température centrale, après une application froide de courte durée, se montre donc sous deux modalités différentes : tantôt l'abaissement de la température est immédiat, tantôt il est précédé d'une élévation temporaire de courte durée (1). Mais il n'est pas exact de prétendre, ainsi que le fait le Dr Couette dans un travail très consciencieux sur l'action thermique de l'eau froide (2), que, dans toute application hydrothérapique froide, la température subit toujours une oscillation d'abord et rapidement ascendante : le fait est très fréquent (presque la moitié des cas dans nos expériences), mais non constant.

Si nous prenons une douche ou une piscine froides suivies de la double oscillation, hyperthermique et hypothermique, nous pourrons représenter l'évolu-

---

(1) C'est ce qui explique les diverses opinions des auteurs à ce sujet. En effet, Jürgensen et Winternitz disent que l'application du froid fait diminuer la température du corps après une hausse primitive plus importante. P. Delmas, au contraire, prétend que pendant la douche froide la température centrale et celle de la zone intermédiaire ne sont pas abaissées du tout ou le sont très peu ; — après la douche, la température baisse plus ou moins vite, suivant que le sujet se livre au repos ou à un exercice approprié : dans le premier cas la température centrale baisse très peu ou remonte et dépasse même le chiffre accusé pendant la douche (*Manuel d'hydrothérapie*, 1886, p. 107 et 108).

(2) *Étude expérimentale sur l'action thermique de l'eau froide en applications hydrothérapiques.* Lyon, 1886.

tion de la température centrale par le schéma suivant :

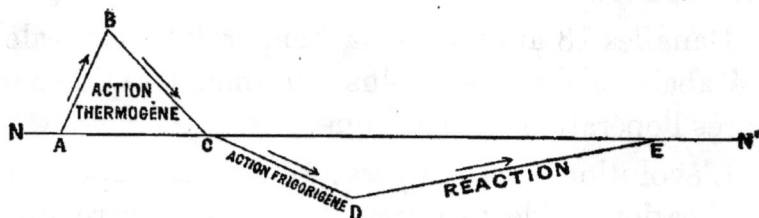

Soit NN' la température normale. A B représente l'ascension brusque de la température au delà de la normale, et BC le retour rapide à la normale ; la courbe ABC, dans son ensemble, sera produite par ce que nous appellerons l'*action thermogène* de l'application froide.

La ligne CD, qui représente l'abaissement lent de la température au-dessous de la normale, sera déterminée par ce que nous nommerons l'*action frigorigène* de l'application froide.

Enfin, la ligne d'ascension DE n'est autre chose que la *réaction*, c'est-à-dire le retour progressif de la chaleur animale à son point de départ initial, qu'elle peut même dépasser dans certains cas.

Analysons maintenant les différentes phases de cette évolution thermique, ainsi que les diverses conditions physiologiques qui la dirigent.

§ 2. — LA RÉFRIGÉRATION DU CORPS EST DUE A UNE DOUBLE ACTION, PHYSIQUE ET NERVEUSE.

La réfrigération de l'organisme qui se produit après toute application froide, et à laquelle nous donnons le nom d'action frigorigène, est due à deux effets, l'un physique, l'autre nerveux.

La loi de Newton, en vertu de laquelle deux corps d'inégale température échangent leur calorique, explique le premier de ces effets : le corps se refroidit parce que l'eau froide extérieure absorbe une partie · de sa chaleur.

L'effet nerveux repose tout entier sur la grande loi des actions réflexes. Le grand sympathique, ainsi que l'a démontré Cl. Bernard (1), exerce une action thermique, calorifique par les vaso-dilatateurs, frigorifique par les vaso-constricteurs. L'excitation des filets nerveux de la peau sous l'influence de l'eau froide retentit sur les centres ganglionnaires et aboutit à une action réflexe réfrigérante. Nous citerons dans cet ordre d'idées les expériences si connues de Brown-Séquard et Tholozan, François Franck, Lombard, etc.

Nous pensons que, dans la production du refroidissement de l'organisme par l'eau froide, l'action physique des échanges joue le plus grand rôle. Mais il n'en est pas moins vrai que l'action nerveuse d'ordre réflexe doit également être prise en sérieuse considération, sans quoi on s'expliquerait difficilement pourquoi des applications froides, dans les mêmes conditions de température individuelle et de milieu ambiant, produisent sur un même sujet des différences thermiques fort appréciables.

§ 3. — ACTION THERMOGÈNE. — PRÉACTION.

Aussitôt que l'eau froide entre en contact avec la

---

(1) *Leçons sur la chaleur animale*, 1876.

peau, celle-ci perd immédiatement une partie de sa chaleur, tandis que les parties profondes ne sont pas impressionnées par le froid, par suite de la mauvaise conductibilité du tégument cutané pour les agents physiques.

Mais en même temps, il se produit sous l'influence de l'agent réfrigérant une contraction spasmodique de toutes les artérioles de la peau : le sang est aussitôt chassé vers les régions profondes, d'où élévation de la température centrale si la masse sanguine ainsi chassée est suffisamment abondante (1). « On peut comparer le sang en circulation dans les vaisseaux à l'eau chaude qui circule dans les tuyaux dont on se sert pour chauffer les serres. Lorsqu'une partie du corps accuse plus de chaleur, c'est qu'elle reçoit plus de sang, de même un compartiment d'une serre aura une température plus élevée qu'un autre compartiment dans lequel on aura diminué le débit d'eau chaude (2) »

Nous avons remarqué que l'élévation temporaire de la chaleur animale à la suite d'une douche ou

---

(1) Cet afflux du sang de la périphérie au centre est *instantané*, sous l'influence immédiate du contact de l'eau froide. Le sang n'a donc pas encore eu le temps d'être refroidi, et nous ne comprenons vraiment pas la répugnance qu'ont certains auteurs à admettre cette théorie si simple.

De plus, ce fait assez curieux que l'élévation temporaire de la température centrale immédiatement après l'application froide n'est pas en rapport avec la durée de cette application, — puisque nous voyons des opérations de 3″ déterminer une élévation quelquefois plus forte que des opérations de 10″, — indique clairement que le phénomène de la contraction spasmodique des petits vaisseaux de la peau, et la propulsion du sang qui en est la conséquence, sont instantanés et se produisent sous l'influence *du premier contact* de l'eau froide.

(2) Mathias Duval. *Leçons sur la physiologie du système nerveux.* Paris, 1883.

d'une piscine froides, se manifestait généralement
après les opérations qui avaient été précédées d'une
préaction énergique (marche rapide, gymnastique,
escrime, etc.). Ce fait s'explique aisément si l'on
songe que l'exercice provoque un afflux de sang à
la périphérie, et que ce sang en grande abondance
sera bientôt chassé vers les parties profondes sous
l'influence constrictive du .froid.

Une conséquence thérapeutique découle de cette
interprétation physiologique. En effet, dans la méthode hydrothérapique, la réfrigération imposée à
l'économie par l'eau froide ne constitue pas le seul
facteur important ; on doit également faire entrer
en ligne de compte ce va-et-vient du liquide sanguin
qui rend la circulation plus énergique et imprime
une activité nouvelle à toutes les fonctions d'élimi-
nation. Par conséquent, il faut solliciter l'action
thermogène de toute application froide, et pour cela
mettre la périphérie du corps en état de fournir à
l'agent réfrigérant un coefficient sanguin aussi considérable que possible. On réalisera cette condition
en faisant précéder la douche ou la piscine d'une
préparation énergique (préaction) soit par l'escrime,
la gymnastique, la marche rapide, etc., en un mot
par un exercice approprié qui élève la chaleur du
corps et détermine un afflux de sang au niveau de
la peau (1).

De plus, le mouvement d'expansion secondaire

_____

(1) La transpiration, sans être indispensable, n'est nullement
une contre-indication à l'application froide ; le point capital est
de ne pas se soumettre à l'agent réfrigérant lorsque la respiration est haletante et la circulation trop activée (palpitations ou
accélération du pouls).

des capillaires de la peau (réaction circulatoire) étant en raison directe de la vascularisation plus accentuée provoquée par la préaction, celle-ci aura l'avantage de combattre la concentration et la stagnation du sang qui pourraient se produire dans les organes profonds sous l'influence de l'eau froide.

Il ne faudrait pas toutefois tomber dans l'exagération et insister outre mesure sur l'exercice violent avant la douche ou la piscine, ainsi qu'ont une tendance à le faire certains médecins encore trop imbus des méthodes de Priessnitz : un exercice trop violent et trop prolongé provoque une trop longue transpiration, épuise les forces du sujet et fait perdre à l'organisme la quantité de chaleur propre qui lui est nécessaire pour la réaction ; il peut alors en résulter, quelque temps après l'application froide, des frissons secondaires (1) qui prouvent que la calorification a de la peine à s'établir.

Avec la douche écossaise la préaction offre moins d'importance. En effet, lorsqu'on fait précéder une douche ou une piscine froides d'une application très chaude suffisamment prolongée, on produit au niveau de la peau un afflux de sang plus ou moins considérable, qui met la périphérie dans des conditions analogues à celles qui sont réalisées par l'exercice musculaire préparatoire.

---

(1) Ces frissons qui surviennent dans le cours de la réactiont *frissons secondaires internes*, indiquent que la soustraction de calorique n'est pas en rapport avec le degré de résistance de l'individu. D'autres frissons secondaires peuvent se montrer pendan, une application froide trop prolongée, *frissons secondaires externes*, qui sont le reflet d'une concentration trop violente de la circulation, et d'un épuisement de l'excitabilité nerveuse qui a été pour ainsi dire sidérée par l'eau froide.

§ 4. — INFLUENCE DU SYSTÈME NERVEUX SUR L'AC-
TION THERMOGÈNE.

Nous venons de dire que la première phase d'une évolution thermique complète après une application froide, phase à laquelle nous donnons le nom d'action thermogène (V. le schéma), est constituée par un effet mécanique de circulation sanguine qui s'établit vers le centre au détriment de la périphérie. A cet effet mécanique se joint très vraisemblablement une action nerveuse d'origine réflexe sur les ganglions du grand sympathique.

L'action excitante du froid sur les terminaisons nerveuses de la peau, en même temps qu'elle s'exerce d'une façon centripète sur les centres nerveux frigorifiques (ainsi que nous l'avons démontré plus haut), se fait également sentir sur les centres calorifiques du système nerveux : la résultante de cette excitation aboutit à une élévation de la température du corps, qui vient s'ajouter à celle déjà produite par le refoulement du liquide sanguin vers les organes centraux. Nous citerons les faits suivants qui prouvent cette influence nerveuse calorigène du froid sur l'organisme.

Quand on fait suivre immédiatement l'application froide d'une friction généralisée de 4 à 5 minutes, on produit au niveau de la peau un afflux de sang qui devrait tendre, on le comprend, à diminuer l'excès de la masse sanguine qui, tout à l'heure, avait été projeté vers les parties profondes par l'agent réfrigérant. Dans ces circonstances, la température centrale devrait donc baisser : or, on n'en constate pas moins le maintien de l'élévation de cette température pendant 10 minutes et même davantage.

Il n'est pas rare également de voir l'expansion secondaire des vaisseaux de la peau (réaction circulatoire) apparaître pendant l'application froide elle-même ; le fait devient même très fréquent si l'on fait précéder l'eau froide d'une application très chaude suffisamment prolongée : la peau prend alors une teinte rouge plus ou moins vive, indice d'une fluxion périphérique, et malgré cela on peut voir, dans beaucoup de cas, la température centrale se maintenir au delà de la normale pendant quelques minutes.

Pour ces raisons, il est nécessaire d'admettre, à côté de l'action oscillatoire des vaisseaux sanguins, une action nerveuse calorigène sous la dépendance du système ganglionnaire.

§ 5. — RÉSUMÉ DES EFFETS PRIMITIFS DE L'EAU FROIDE SUR L'ORGANISME.

L'influence de l'eau froide sur l'organisme est donc essentiellement complexe. Les premiers phénomènes provoqués sont :

1º Réfrigération directe de la peau par le froid, par suite de la différence des températures du corps humain et de l'agent physique (loi de Newton) ;

2º Réfrigération par action nerveuse d'origine réflexe de la peau et des parties profondes ;

3º Élévation de la température centrale par suite de la constriction des vaisseaux de la peau qui produit un afflux sanguin vers les organes profonds, afflux suffisamment considérable dans la moitié des cas pour déterminer cette élévation thermique;

4° Élévation de la température centrale et de la température périphérique par action nerveuse d'origine réflexe (1).

Ces quatre phénomènes sont connexes. Mais, au niveau du tégument cutané, le second et le quatrième se combattent, de telle sorte qu'il ne reste plus que le premier phénomène, c'est-à-dire le refroidissement de la peau que l'on constate au thermomètre. Du côté des parties profondes, le second et le quatrième phénomènes se détruisent réciproquement, et il ne reste plus que le troisième pour expliquer la surélévation passagère de la température centrale que l'on constate dans la moitié des cas.

En somme, à la périphérie on note deux éléments de réfrigération pour un élément de calorification; au centre, au contraire, on remarque deux éléments de calorification pour un élément de réfrigération : dans chaque cas deux éléments contraires se combattent pour laisser la place au troisième. Cette conception théorique permet de comprendre les phénomènes qui se produisent dans les premiers instants qui suivent l'application froide, et explique en même temps ce fait en apparence paradoxal d'une double action simultanée d'origine nerveuse à la fois frigorifique et calorifique.

_____

(1) Une douche très chaude exclusive (37° et au delà) non suivie d'application froide, élévera également la tempéra ure du corps. Mais cette action thermogène n'a aucun rapport avec celle que nous étudions ici : elle est simplement due, dans ce cas, à un échange physique entre la température de l'eau chaude extérieure et celle du corps. (V. nos *Considérations sur les applications d'eau chaude,* etc. Ann. de la Société d'hydrologie, 1887.)

§ 6. — RÉACTION CIRCULATOIRE.

Que se passe-t-il maintenant dans la seconde période qui suit l'application froide.

Nous venons de voir que, dès les premiers instants, la peau était considérablement refroidie, et seule refroidie par suite de la mauvaise conductibilité des tissus sous-jacents ; en même temps, sous l'influence du froid, les capillaires de la peau étaient violemment contractés et refoulaient le sang vers les parties profondes.

Mais, bientôt, à ce mouvement de retrait du sang succède un mouvement d'expansion : la constriction des vaisseaux cutanés fait place à la dilatation, et le liquide sanguin abandonne le centre pour se porter avec force vers la périphérie : la circulation y devient plus active, plus énergique, et la peau se colore. Cette oscillation vasculaire centrifuge, à laquelle on peut donner le nom de *réaction circulatoire*, ne saurait être confondue, ainsi que beaucoup le font, avec la réaction proprement dite : c'est elle qui constitue l'élément principal, la cause efficiente de ce que nous appelons l'action frigorigène de l'application froide. Elle précède donc la réaction proprement dite, puisque c'est elle qui, en favorisant la réfrigération totale du corps, mettra tout à l'heure l'organisme dans l'obligation de réagir pour reproduire la chaleur perdue.

La réaction circulatoire, avons-nous dit, se montre immédiatement après l'application froide ; souvent même elle apparaît avant que celle-ci soit complètement terminée. Elle est d'autant plus prompte et plus intense que l'atmosphère est plus chaude et plus sèche, que l'opération froide aura été suivie de frictions généralisées et d'exercice modéré, ou préparée par une préaction énergique.

Plus l'eau est froide, et plus elle frappe les tissus avec force, plus la réaction circulatoire sera rapide. Aussi une douche est-elle suivie d'une réaction plus prompte qu'une immersion ; d'où la nécessité encore plus grande de pratiquer un exercice énergique avant de se plonger dans une piscine très froide.

La puissance de réaction circulatoire varie d'individu à individu, suivant l'état de système nerveux vaso-moteur, la jeunesse et la vigueur du sujet.

La réaction circulatoire peut se produire alors même que les parties sont congelées, raidies et insensibilisées par le froid ; mais dans ces cas extrêmes elle n'est pas spontanée et il faut la favoriser par la chaleur.

Lorsque la réaction circulatoire ne se fait pas, on observe quelques accidents tels qu'angoisse, palpitations, frissonnement général (1), tendance à la syncope, accidents sans gravité si on a soin de frictionner et de réchauffer immédiatement le malade. Cette absence de réaction est le plus souvent le résultat d'une application trop prolongée du froid : d'où cette conclusion que le médecin doit toujours être le seul guide en matière de traitement hydro-thérapique.

Lorsque la réaction circulatoire a de la peine à s'établir chez un malade après une application

<hr/>

(1) Ce frissonnement rentre dans le groupe des *frissons secondaires externes* que nous avons signalés plus haut (p. 11, note 1).

froide, on la favorisera en faisant précéder cette application d'une douche très chaude suffisamment prolongée.

§ 7. — ACTION FRIGORIGÈNE.

Par suite de ce mouvement d'expansion secon·daire du sang du centre vers la périphérie (réaction circulatoire) le liquide sanguin vient se refroidir au niveau de la peau réfrigérée (1), et retourne bientôt vers les organes profonds, qu'il va refroidir à son tour. A chaque mouvement circulatoire ce phénomène se reproduit, et à chaque fois un coefficient de froid abandonne la périphérie pour se porter vers le centre, jusqu'à ce que la réfrigération soit uniformément équilibrée sur l'ensemble de tout l'organisme.

C'est à cette phase d'échanges de calorique et de froid entre la peau et le sang des parties profondes que nous donnons le nom d'action frigorigène de l'application froide. Objectivement elle est caractérisée, ainsi qu'on le sait, par l'abaissement progressif de la température centrale et l'élévation en sens inverse de la température cutanée vers la normale : l'abaissement de la température centrale ne se fait pas toujours d'une façon régulière, il est quelquefois interrompu par des oscillations ascendantes (Exp. 8, 11, 13, 14, 20) jusqu'au moment où il arrive au dernier terme de la chute thermique.

(1) Nous avons pratiqué un certain nombre d'expériences sur la réfrigération locale de la peau à la suite de douches ou d'immersions froides. Pour une durée d'application froide à 7° de 15 secondes, la moyenne d'abaissement de la température périphérique a été de 2°,5.

Quand on fait précéder l'application froide d'une douche très chaude suffisamment prolongée, l'action frigorigène se produit rapidement, par suite de la réaction circulatoire très vive provoquée au niveau de la peau par le contraste des températures ; mais l'intensité de cette action frigorigène est moins grande, étant donné qu'une partie des effets réfrigérants de l'eau froide ont été perdus dans l'absorption du coefficient artificiel de chaleur dont on avait préalablement surchargé la peau par la douche chaude (1).

Dans la douche écossaise révulsive proprement dite, — c'est-à-dire celle dont la formule consiste à absorber à l'aide d'une douche froide très courte le surcroît de calorique fourni par une application chaude préalable, sans toutefois abaisser la température animale au-dessous de son chiffre physiologique, — dans cette douche, disons-nous, il ne saurait y avoir ni action thermogène, ni action frigorigène : on n'assiste qu'à une réaction circulatoire très vive, mais sans aucune réfrigération de la peau ni des parties profondes.

Les bains et les douches tempérés produisent une action frigorigène, mais jamais d'action thermogène. La réfrigération, dans ces circonstances, s'opère par le même mécanisme : échange physique entre le sang des parties profondes et celui de la peau, à chaque oscillation vasculaire physiologique.

_____

(1) V. notre étude sur « La douche écossaise ». *Annales de la Société d'hydrologie médicale*, 1886.

§ 8. — RÉACTION PROPREMENT DITE.

Quand l'action frigorigène est complètement terminée et que l'hypothermie est arrivée à son point le plus bas, alors commence le grand mouvement vital de la *réaction*, en vertu duquel l'organisme tend spontanément à récupérer la perte de chaleur qui lui a été imposée. On voit la température centrale remonter peu à peu vers la normale, tantôt d'une façon régulièrement progressive, tantôt par une série d'oscillations irrégulières et quelquefois régressives ; cette évolution ascendante se produit le plus souvent d'une façon lente, et dans beaucoup de cas il n'est pas rare de voir la température dépasser son chiffre initial.

Cet acte réactionnel, que l'on cherche à produire par toute application froide, constitue un des éléments principaux de la méthode hydrothérapique, puisque c'est lui qui réveille dans l'économie toutes les grandes fonctions de la nutrition, de la respiration, de la circulation, de la digestion, de l'innervation, etc. Nous nous sommes étendu suffisamment sur ce sujet dans nos *Études médicales sur l'hydrothérapie* (1) pour ne pas avoir à y revenir ici.

§ 9. — INTERPRÉTATION DU Dr AUBERT SUR L'ACTION ET LA RÉACTION.

A côté de l'interprétation théorique que nous venons de donner sur l'évolution de la température après une application froide, nous signalerons celle

(1) 1886; PREMIÈRE PARTIE, chap. II.

du Dʳ Aubert sur l'action et la réaction en hydrothérapie (1), interprétation à laquelle, disons-le de suite,
nous ne saurions souscrire.

Le schéma suivant, emprunté à cet observateur,
montrera la façon dont il conçoit ces phénomènes (2).

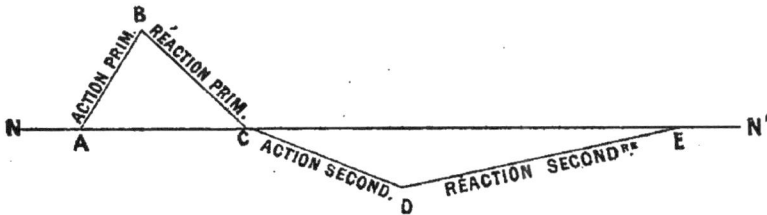

Pour le Dʳ Aubert, l'*action* est toute modification
qui tend à écarter la température de la ligne d'état
NN', et la *réaction* est tout changement qui tend à
ramener à cette ligne la température écartée. Soit,
par exemple, un bain de mer de quinze minutes. Il
y a l'action AB qui se produit au début de l'immersion et se maintient à un degré variable tant que
celle-ci dure, puis la réaction BC qui ramène la température au voisinage du point normal : ce sont là
l'action et la réaction primitives. L'écart se fait en-
suite en sens inverse, CD, et abaisse lentement et
progressivement la température au-dessous du degré
normal ; après un temps plus ou moins long se produit une réaction nouvelle qui ramène lentement la
température au degré normal E : ce sont là l'action et
la réaction secondaires.

---

(1) P. Aubert. *Influence des bains de mer sur la température du
corps* (Physiologie des bains froids). Lyon, 1883.

(2) Nous avons légèrement modifié le schéma d'Aubert, sans
toutefois l'altérer en rien dans sa forme générale, afin de mieux
établir la comparaison avec le nôtre.

Cette conception n'est pas exacte, car elle ne peut s'appliquer à l'ensemble de la méthode hydrothérapique.

En effet, après une opération froide de courte durée, on voit dans un très grand nombre de cas, — ainsi que nous l'avons dit, — la température baisser immédiatement après l'application, sans que cette hypothermie ait été précédée d'une élévation temporaire de la chaleur animale : on n'assisterait donc là, d'après M. Aubert, à aucune action ni réaction primitives, mais d'emblée à une action et à une réaction secondaires. Il en est de même après une douche ou un bain tièdes qui ne produisent jamais d'élévation de la température, mais d'emblée un refroidissement. Les termes de *secondaires* sont donc illogiques, puisqu'en réalité ils n'ont été précédés, dans ces circonstances, d'aucune action primitive.

D'autre part, les mots *réaction primitive* appliqués, toujours d'après M. Aubert, au changement qui tend à ramener à la ligne normale la température préalablement surélevée, ne nous semblent pas répondre à une signification physiologique. Il ne saurait y avoir, d'après nous, de réaction au sens propre du mot, puisqu'il n'existe dans cette période d'abaissement aucune spontanéité physiologique : la température rétrocède vers son point de départ d'une façon pour ainsi dire passive, simplement parce que les causes incitantes (action du froid sur la peau), qui avaient stimulé la thermogénèse, n'existent plus ou ont épuisé leur effet.

Pour toutes ces raisons, il nous semble donc préférable d'adopter les termes que nous avons proposés dans notre schéma personnel (V. § 1), et de donner

le nom d'*action thermogène* à l'ensemble de l'ascension et de la chute de la température au delà des limites de la chaleur normale, cette action thermogène
pouvant du reste faire défaut dans beaucoup de cas
(douches et piscines froides non précédées de préaction énergique, douches et bains tempérés, douches
écossaises révulsives). Le nom d'*action frigorigène* sera
réservé à l'abaissement de la température en deçà de
son point de départ initial. Enfin la *réaction*, qui sera
toujours une en l'espèce, sera constituée par ce grand
phénomène du retour spontané à la température
initiale, qui représente un des résultats principaux
recherchés dans toute opération hydrothérapique.

§ 10. — DE L'ACTION RÉFRIGÉRANTE COMPARATIVE
DES DOUCHES ET DES PISCINES.

Examinons maintenant les conditions qui ont une
influence sur les différentes phases de l'évolution
thermique après une application froide. Nous parle-
rons d'abord de l'emploi des deux principaux procédés, la douche et la piscine froides.

La piscine à une température très basse possède
un pouvoir réfrigérant beaucoup plus prononcé que
la douche, à durée et à température égales. Des expériences comparatives pratiquées sur les douches et
les piscines à 7° d'une durée de 3″ nous permettent
d'affirmer que l'hypothermie provoquée par ces
deux procédés est dans le rapport moyen de 0°,24
à 0°,40 ; c'est-à-dire que l'immersion pendant 3″
dans la piscine très froide détermine un abaissement
de la température centrale qui est presque le double
de celui que produirait la douche.

Il en est de même pour les opérations de durée plus longue, 10″ par exemple. Tandis que la douche mobile à 7°, de 10″ de durée, nous a donné une moyenne hypothermique de 0°,36, la piscine à 7°, de 10″, nous a fourni un chiffre de 0°45.

Il ne semble pas, cependant, que l'abaissement de la température du corps produit par la piscine à 7° soit en rapport avec la durée de l'immersion. Si nous faisons le relevé de nos expériences, nous trouvons une moyenne d'hypothermie de 0°,42 pour une immersion de 3″. La réfrigération, ainsi qu'on le voit, n'est pas sensiblement proportionnée à la durée du procédé.

Au contraire, pour les douches à la même température (7°), il semble que la durée du procédé ait une influence sur l'intensité de l'hypothermie provoquée, puisque, ainsi que nous l'avons signalé plus haut, la moyenne de la réfrigération était de 0°,24 après la douche mobile de 3″, et de 0°,36 après la douche de 10″. Il serait bon toutefois de multiplier les expériences relativement aux opérations froides de très courte durée; nous trouvons, en effet, dans le travail du D\u1d63 Couette (1), les moyennes suivantes : une douche de 11 à 13° de 10″ de durée produirait un abaissement moyen de la température sub-linguale de 0°,16 ; une douche de 30″ un abaissement de 0°,12 ; une douche d'une minute un abaissement de 0°,28 ; une douche de 3′ un abaissement de 0°,7 ; une piscine à 15° variant de 40″ à 3′ de durée, produirait un abaissement moyen de la température de 0°,45, c'est-à-dire un chiffre égal à celui que nous obtenons

---

(1) Loc. cit.

nous-même à Divonne avec la piscine à 7° de 3 à 10″ de durée.

Il résulte de ces faits que, dans les applications hydrothérapiques, l'eau à une température très basse (7° par exemple) offre l avantage de pouvoir produire, avec une durée extrêmement courte (de 3 à 10″), une soustraction de calorique que l'on ne saurait obtenir, malgré une application plus longue, avec une eau à une température moins basse.

L'examen comparatif des résultats thermiques produits par les douches et par les piscines froides permet également de constater, dans la majorité des cas, une différence dans l'évolution de la température à la suite de l'application de chacun de ces deux procédés. Après la douche mobile de courte durée, l'abaissement de la température centrale se manifeste plus rapidement qu'après la piscine. Mais, en revanche, à la suite de la douche, cet abaissement persiste moins longtemps, et le retour à la chaleur normale se produit plus promptement qu'à la suite de l'immersion; de plus, il est plus rare de voir, après la piscine, la température centrale dépasser, dans le mouvement ascensionnel de la réaction, son point de départ initial, tandis que ce phénomène, au contraire, s'observe plus souvent après la douche.

Hypothermie plus considérable et ralentissement secondaire de la réaction, tels sont les deux éléments objectifs qui caractérisent l'immersion dans l'eau très froide, et qui, joints à l'absence de percussion et à d'autres causes encore complexes, tendent à taire de ce procédé (piscine) un agent sédatif par excellence.

§ 11. — RÉFUTATION DES EXPÉRIENCES DE PFLU-GER SUR LE BAIN FROID SUIVI D'APPLICATION CHAUDE.

D'après Pflüger, cité par M. Hayem (1), chez le lapin, en aspergeant l'animal avec de l'eau chaude au moment où il sort d'un bain froid court, l'abaissement thermique est plus prononcé qu'il ne le serait par la prolongation du bain froid. Après avoir vérifié ce fait intéressant, Finkler et Pletzer ont opéré sur des animaux rendus frébricitants, chez lesquels ils ont obtenu une défervescence beaucoup plus sensible. Ils en ont conclu que ce procédé pourrait être avantageusement appliqué à l'homme.

Nous avons repris, pour notre part, les expériences des observateurs allemands, et nous sommes arrivé à des résultats peu concluants. Nous commencerons, tout d'abord, par faire remarquer que, pour peu que l'on prolonge pendant une certaine durée (une ou deux minutes) l'aspersion chaude consécutive au bain froid, on sera certain de fournir à l'économie, par cette application chaude prolongée, une quantité de calorique assez considérable pour rétablir l'équilibre thermique un instant troublé par le bain froid ; dans ces conditions, si on prend la température centrale après cette double opération (bain froid court suivi d'une aspersion chaude longue), on ne constatera aucune modification de la chaleur animale, le plus souvent même on notera une surélévation. Ce fait, que le simple raisonnement permettait de concevoir, nous a été démontré expérimentale-

_____

(1) *Leçons de thérapeutique*, 1887, p. 213.

ment chez l'homme. Nous n'y insisterons donc pas.

Le seul résultat physiologique auquel on puisse arriver avec les expériences de Pflüger, ne peut être obtenu, à priori, que si l'aspersion chaude dont on fait suivre le bain froid court est elle-même de *très courte durée*. Or, voyons ce que nous disent nos expériences personnelles à ce sujet.

Deux séries d'expériences furent pratiquées sur des lapins. Cinq de ces animaux étaient soumis à une simple opération froide (immersion à 7° depuis 20″ jusqu'à 1′ de durée); les cinq autres furent également soumis à la même opération, mais au sortir de l'eau froide ils recevaient une aspersion très chaude (50°) en pluie pendant 30″. Or, en comparant la moyenne des températures des cinq premiers individus avec la moyenne de celles des cinq derniers, il nous a été impossible de trouver une différence en faveur de l'une ou de l'autre des deux séries. Dans les deux cas, l'abaissement de la température rectale était toujours considérable, de 3° en moyenne, et se produisait immédiatement après l'opération hydrothérapique ; quant au retour à la chaleur normale, il évoluait avec une grande lenteur et par oscillations successives, ainsi qu'on pourra s'en convaincre par l'expérience suivante, prise au hasard parmi les dix que nous avons pratiquées :

Le lapin est plongé dans l'eau à 7° pendant 50 secondes. La température rectale tombe aussitôt de 38°,2 à 36°,1.

On fait une aspersion très chaude (50°) pendant 30 secondes. La température remonte alors à 36°, 7, pour retomber à 35°, 1 au bout de 5 minutes.

10 minutes après l'opération...................... 34°,6

12 min.. 34, 8

15 minutes après l'opération...,.............. 35, 3
18 min.. 35, 2
20 min.. 35, 3
25 min.. 35, 4
30 min.. 35, 3
35 min.. 35, 5
40 min.. 35, 4
50 min.. 35, 5
55 min.. 35 4
  1 heure... 35, 6
  1 heure 5 min.................................. 35, 6
  1 heure 20 min 35. 6

Chez l'homme, les expériences n'ont pas été plus concluantes que chez le lapin. Nous les avons pratiquées sur nous-même, à plusieurs jours de distance, et dans l'état de parfaite santé. Voici les résultats thermométriques qu'elles nous ont fournis :

1°. — Immersion dans la piscine à 7° pendant 3 secondes, suivie d'une douche chaude à 48° pendant 30 secondes. Pas de frictions. Repos complet pendant l'expérience. Temp. extér.: 15°.

Température sub-linguale.................... 37°,4
  5 minutes après.......................... 36, 9
10 min...................................... 37, 5
20 min...................................... 37, 4
25 min...................................... 37, 4
30 min...................................... 37, 4
45 min...................................... 37, 35
55 min...................................... 37, 35
  1 heure 15 min........................... 37, 25
  2 heures................................. 37, 2

2° — Immersion dans la piscine à 7° pendant 3 secondes suivie d'une douche à 45° pendant 10 secondes. Pas de frictions. Repos complet. Temp. extér. : 15°.

Température sub-linguale.................... 37°,4
  5 minutes après.......................... 37, 1
10 min...................................... 37, 1
15 min...................................... 37, 1
20 min...................................... 37, 2

25 minutes après............................ 37, 3
30 min..................................... 37, 2
40 min..................................... 37, »
  1 heure 5 min............................ 37, »
  1 heure 20 min.......................... 36, 9
  2 h. (après 15 min. d'exerc.: marche et haltères). 37, »

Ces deux expériences ont été accompagnées de phénomènes subjectifs absolument identiques. Aussitôt après l'opération, et quoique l'on ne constatât aucune rougeur appréciable de la peau, celle-ci était envahie par une sensation de chaleur mordicante extrêmement désagréable et par des sueurs généralisées, en même temps que nous éprouvions, au contraire, un sentiment profond de froid, caractérisé par de petits frissonnements. Pendant plusieurs heures, ces phénomènes ont persisté, et avec eux une grande lassitude, un peu de dyspnée, un état nauséeux et une légère céphalalgie; le pouls battait entre 70 et 76.

. Assurément, nous ne voudrions pas tirer des conclusions prématurées, qui ne reposeraient que sur un chiffre expérimental beaucoup trop restreint. Il nous sera permis, cependant, de faire remarquer que le fait physiologique qui se dégage nettement de nos deux expériences est constitué par les irrégularités et les oscillations de la défervescence thermique : on note, en effet, un hypothermie très rapide, puis une ascension de la température, suivie elle-même d'un nouvel abaissement. Cette irrégularité anormale et anti-physiologique peut suffire pour expliquer les troubles subjectifs qui ont accompagné ces expériences.

Quoi qu'il en soit (et c'est le point important qui nous intéresse en l'espèce), nos deux expériences démontrent jusqu'à présent que l'abaissement de la

température, après une immersion froide courte
suivie d'une courte aspersion chaude, n'est pas plus
considérable qu'après une simple immersion froide
d'égale durée ou même de durée plus longue (1).
Pas plus chez l'homme que chez le lapin, l'expérience de Pflüger ne donne aucun résultat positif,
et, loin de la recommander dans la thérapeutique
balnéaire, ainsi que le font Finkler et Pletzer, nous
la proscrivons, au contraire, jusqu'à nouvel ordre,
comme une méthode perturbatrice et dangereuse.

§ 12. — DE L'EXERCICE MUSCULAIRE AVANT
L'APPLICATION FROIDE (PRÉACTION).

Étant donné le choix et la durée d'un procédé
(douche ou piscine) suivant les indications théra-
peutiques qu'il s'agit de remplir, l'intérêt capital qui
s'attache à l'emploi de ce procédé est de lui faire
produire le maximum d'hypothermie possible, afin
que l'action directe du refroidissement sur les tissus
d'une part, et le mouvement réactionnel d'autre
part, soient d'autant plus efficaces. Quelles sont
donc les conditions qui peuvent favoriser l'action
réfrigérante.

La *préaction*, c'est-à-dire l'échauffement préalable
du corps produit par un exercice énergique semble
avoir une influence sur le degré d'hypothermie provoqué par l'application froide. C'est ainsi qu'une
série de six piscines froides de 3 et de 10″, prises
après une préparation à l'escrime ou à la gym-

---

(1) Il suffit de se reporter à nos expériences sur les immersions
froides pour s'en convaincre.

nastique (Exp. 3, 10, 12, 14, 18, 19), nous a donné
une moyenne d'abaissement thermique de 0°,55,
tandis qu'une série de six autres piscines sans préparation préalable (Exp. 6, 11, 13, 15, 20, 21) nous
a fourni une moyenne de 0°,37.

On pourra objecter que cette influence n'est pas
aussi considérable que l'on pourrait le croire, en ce
sens que la préaction avait au préalable élevé tempo-
rairement la température du corps au delà de la
normale (1), d'où un plus grand écart dans les
chiffres thermiques. Mais il n'en est pas moins vrai
que la chaleur animale, ayant toujours une tendance
à regagner le degré de température qu'elle avait immédiatement avant l'application froide, les différences thermiques n'en seront pas moins réelles et
par cela même favorables au malade.

Du reste, ainsi que tout l'indique, la préaction
doit avoir une influence directe sur l'abaissement
final de la température, en favorisant le mouvement
secondaire d'expansion des vaisseaux de la peau
(réaction circulatoire).

Par conséquent, la préaction sera recommandée
pour favoriser à la fois l'action thermogène (V. § 3)
et l'action frigorigène de la douche ou de la piscine.
Elle devra être énergique, mais courte, pour les
raisons que nous avons indiquées précédemment;
les exercices seront appropriés suivant les
cas : marche accélérée, gymnastique, escrime, haltères, jeu de paume, jeu de boules, vélocipède, etc.
Nous verrons tout à l'heure que la formule devra

(1) 20 minutes d'escrime interrompues par des périodes de
repos suffisent pour élever la température de 0°,3.

être renversée, lorsqu'il s'agira de l'exercice musculaire après l'application froide qui, au contraire,
sera prolongé mais très modéré.

§ 13. — DES FRICTIONS APRÈS L'APPLICATION FROIDE.

Il est d'usage dans les établissements hydrothérapiques de faire suivre toute application froide de
frictions généralisées sur le corps, afin de réveiller
la chaleur et de solliciter le mouvement d'expansion
du sang à la périphérie. Ces manipulations sont
d'une grande importance, ainsi que le démontrent
nos expériences.

Une première série de sept opérations hydrothérapiques à 7°, de 3 et de 10″ de durée (Exp. 3, 4, 5,
6, 7, 8, 9), non suivies de frictions, nous a donné
une moyenne d'abaissement de température de 0°,29.

Une seconde série de sept opérations, pratiquées
exactement dans les mêmes conditions (Exp. 10,
11, 12, 13, 14, 15, 16), mais suivies de frictions généralisées, a fourni une moyenne d'abaissement
thermique de 0°,45.

Une friction généralisée, consécutive à une piscine
ou à une douche froide, offre donc l'avantage évi-
dent d'exagérer la chute de la température centrale
qui se produit normalement après l'application
froide. Ce résultat s'explique aisément.

« Les irritations d'une intensité moyenne (1) produisent un effet stimulant qui se traduit par une
excitation réflexe des artères cutanées, une augmen-

---

(1) Hayem. *Leçons de thérapeutique*, 1887, p. 342 et 343.

tation de la pression sanguine, une augmentation de la force et de la fréquence des contractions cardiaques, une accélération du courant sanguin. Ces phénomènes sont passagers et suivis d'une phase de réaction, c'est-à-dire de dépression légère. Ils peuvent persister pendant plusieurs heures lorsque l'excitation cutanée a été suffisamment prolongée.

« Les irritations fortes et très douloureuses sont suivies d'effets plus accentués. Dans une première période on observe, comme précédemment, une stimulation de l'appareil cardio-vasculaire. Mais cette période est courte et peut même manquer lorsque l'irritation est extrêmement intense. La deuxième période, beaucoup plus longue que la première, est caractérisée par une dépression de l'activité cardiaque et circulatoire. Les vaisseaux cutanés se relâchent et se dilatent ; le nombre des pulsations diminue, les battements du cœur sont affaiblis.

« Les effets des irritations d'une intensité intermédiaire sont nécessairement variables. En général celles d'une intensité moyenne produisent les mêmes phénomènes que les fortes ; ceux-ci sont seulement moins accentués et plus passagers. »

Une friction généralisée d'intensité moyenne déterminera ces derniers effets, c'est-à-dire une contraction réflexe des petits vaisseaux de la peau, immédiatement suivie d'une phase de réaction et de dilatation vasculaire. Ce relâchement des vaisseaux cutanés viendra s'ajouter à celui que tend à produire le froid dans la phase de réaction circulatoire : il en accélérera et en augmentera l'effet, et par suite, l'action frigorigène sera d'autant plus efficace que le mélange du sang chaud des organes centraux avec le sang refroidi de la périphérie (1) aura été mieux favorisé.

Pour obtenir ce résultat, la friction devra donc être suffisamment énergique, tout en restant modérée (2).

En effet, une friction trop faible pourrait être suivie d'une légère élévation de température (3), ce qui tendrait à combattre d'une façon nuisible les effets réfrigérants de l'eau froide.

D'autre part, une friction trop forte, comme durée et comme intensité, pourrait amener de la dépression cardio-respiratoire et un état lypothymique. De plus, les irritations fortes accélèrent notablement le mouvement nutritif (Paalzow, Pflüger), et abaissent la température (Mantegazza). D'où il résulte qu'en insistant d'une façon immodérée sur des frictions trop énergiques, on risquerait de provoquer une déperdition de calorique trop considérable, en même temps que de diminuer la force réactionnelle de l'organisme (4).

---

(1) Un thermomètre à cuvette, appliqué sur la peau après une friction de 4 à 5 minutes consécutive à une application froide, indique toujours un abaissement de la température périphérique, même lorsque la peau présente une rubéfaction produite par la friction.

(2) La friction sera pratiquée à l'aide d'un drap rude. ou d'un gant de crin pendant 5 à 6 minutes environ.

(3) Ce fait a été constaté par Röhrig à la suite d'irritations périphériques de faible intensité.

(4) Une fausse interprétation m'avait fait admettre à tort, dans mes Études médicales sur l'hydrothérapie, 1886, p. 14, que la friction énergique déterminait une élévation passagère de la température centrale.

§ 14. — DE L'EXERCICE MUSCULAIRE MODÉRÉ APRÈS L'APPLICATION FROIDE.

Après chaque application froide on recommande, et avec raison, une promenade plus ou moins longue, dans le but de favoriser la réaction.

Pour parler d'une façon plus exacte, ce n'est pas la réaction proprement dite, mais bien l'action frigorigène que l'on favorise par l'exercice musculaire modéré, puisque nous allons voir que son principal résultat est d'activer et d'exagérer l'abaissement de la température centrale pendant toute la phase frigorifique.

L'influence de l'exercice musculaire après une application froide a été déjà notée par plusieurs observations. Le Dr Couette (1) dit que « l'exercice musculaire réactionnel active la rapidité de la descente thermique ». P. Delmas (2) affirme que l'exercice qui suit l'application de l'eau froide a pour résultat d'amener un abaissement persistant de la température du corps. Le Dr Aubert, qui s'est occupé incidemment de l'exercice après le bain de mer, reconnaît deux effets différents, suivant que cet exercice est lent et modéré, ou au contraire actif : dans le premier cas il n'empêche pas l'abaissement de la température centrale et peut même le favoriser, dans le second cas il provoque une réelle ascension de cette température (3).

Les expériences que nous avons entreprises nous-

---

(1) *Loc. cit.*, p. 31.
(2) *Loc. cit.*, p. 57.
(3) *Loc. cit.*, p. 110.

même sur la matière nous démontrent que l'exercice modéré, c'est-à-dire la marche plus ou moins lente pratiquée après une douche ou une piscine froides, produit un abaissement de la température centrale plus accentué, plus rapide et plus régulier que lorsque cette application a été suivie d'un repos absolu ou intermittent.

Nous remarquerons tout d'abord que si le sujet reste au repos le plus complet après une application froide, l'abaissement de la température centrale ne s'en produit pas moins, ainsi que le démontrent toutes les expériences que nous avons entreprises à ce sujet. Le Dr P. Delmas nous semble donc fort exagéré lorsqu'il prétend, dans sa seconde proposition physiologique, que « le corps n'exécutant aucun mouvement pendant les heures qui suivent l'application de l'eau froide, ne facilitant en rien le prétendu mouvement de réaction, la température centrale baisse très peu » (1). La moyenne d'hypothermie fournie par toutes nos expériences, — y compris celles qui sont antérieures à ce travail, — varie de 2 à 3 dixièmes de degré pour des applications froides à 7° (douches et piscines) de 3 et de 10″ de durée, suivies d'un repos absolu : ce chiffre, ainsi qu'on peut le voir, ne représente donc pas une quantité négligeable.

Si, maintenant, nous jetons un coup d'œil sur nos expériences actuelles, consignées à la fin de ce travail, nous trouvons pour les applications froides suivies d'exercice modéré une moyenne d'abaissement de la température centrale de 0°, 48, tandis

---

(1) *Loc. cit.*, p. 108.

que pour les applications suivies de repos absolu la moyenne n'est que de 0°,28. Un exercice modéré pratiqué après une douche ou une piscine froides a donc une influence positive très marquée sur le degré d'abaissement de la température centrale.

Comme second résultat fourni par nos expériences, nous voyons que l'exercice modéré après une application froide active la rapidité de l'abaissement thermique. Mais, ici, il faut distinguer deux cas, suivant que cet abaissement est précédé, ou non d'une élévation passagère de la température.

Dans ce dernier cas, c'est-à-dire lorsque l'action thermogène fait défaut, et que l'on assiste d'emblée à l'action frigorigène de l'application froide, la température centrale commence à s'abaisser de 10 à 15 minutes environ après cette application.

Quand, au contraire, l'agent réfrigérant a produit une évolution thermique complète (action thermogène suivie d'action frigorigène), l'abaissement de la température commence à se montrer 15 à 20 minutes après l'application froide, lorsque celle-ci est suivie d'un exercice modéré ; si le sujet reste au repos absolu, l'abaissement ne s'observe que 30 à 35 minutes après l'application (1).

Le troisième fait qui se dégage de l'expérimentation est que l'abaissement de la température centrale est plus régulier lorsque l'application froide est suivie d'un exercice modéré. Il suffit de se reporter aux expériences 15, 17, 18, 19, 22, pour

_____

(1) Ces limites, on le comprend, ne représentent que des moyennes qu'un plus grand nombre d'expériences pourrait peut-être modifier, mais leur valeur relative n'en reste pas moins exacte.

constater que chaque fois que le sujet se livre à la marche, la température a une tendance à baisser pour s'éloigner de la normale ; chaque fois, au contraire, qu'il interrompt la marche pour rester au repos absolu, la température a une tendance à s'élever pour se rapprocher de la normale. Il en résulte qu'un exercice modéré pratiqué *sans interruption* après l'application froide aura pour résultat, en supprimant les oscillations thermiques ascendantes déterminées par le repos, de rendre l'abaissement de la température plus uniforme.

Cet abaissement sera également plus persistant, puisque la température aura d'autant moins de tendance à remonter vers la normale que l'on évitera le repos qui, ainsi que nous le savons, contrarie l'action frigorigène dans son évolution physiologique (V. Exp. 6, 17, 21).

Il est facile de comprendre, sans que nous ayons besoin d'y insister, le mécanisme en vertu duquel l'exercice modéré exerce une influence marquée sur le chiffre et la rapidité de l'abaissement thermique après l'eau froide. Sous l'influence de l'exercice la circulation générale est activée, le nombre des battements du cœur augmente. La réaction circulatoire des vaisseaux cutanés est par cela même exagérée, et le mélange du sang chaud des parties profondes avec le sang refroidi de la périphérie se fait d'une façon plus rapide et plus intense. Ainsi s'explique le contraste assez fréquent d'une sensation agréable de chaleur générale coïncidant avec un abaissement de la température centrale.

§ 15. — DE L'EXERCICE MUSCULAIRE EXAGÉRÉ
APRÈS L'APPLICATION FROIDE.

Si l'exercice modéré exerce une influence favorable des plus nettes sur la réfrigération de l'économie après une application froide, il n'en est pas
de même de l'exercice exagéré.

Par exercice exagéré nous entendons celui qui
produit une excitation plus ou moins vive de l'organisme, qui élève rapidement la température générale, provoque la sueur, accélère la respiration, pré-
cipite les battements du cœur, et détermine une
dépense nerveuse et matérielle considérable : nous
citerons la marche accélérée, la course, la danse,
l'équitation, la gymnastique, l'escrime, le jeu de
paume, etc. Loin d'accélérer et d'exagérer la chute
thermique, cet exercice, pratiqué après une douche
ou une piscine froides, détermine un effet absolument opposé. Il suffit de se reporter aux expériences 15, 23, 24, 25, pour s'en convaincre.

Dans l'expérience 15, une course de quelques
minutes succédant à une marche modérée a fait
monter la température de 0°,5. Dans les expériences 23 et 25, une séance de 10 à 15 minutes de
gymnastique a empêché toute réfrigération de se
manifester. Dans l'expérience 24, l'hypothermie
s'est produite après 5 minutes d'haltères, mais
presque aussitôt elle a fait place à une ascension
rapide de la température.

Dans ces conditions on fait donc perdre à une application froide, en la faisant suivre d'un exercice
exagéré, la plus grande partie de son effet utile,

puisqu'on s'oppose à la réfrigération qui est un des éléments capitaux de toute opération hydrothérapique. Lors même que cette réfrigération se manifeste, elle est de si courte durée qu'elle ne saurait être favorable au malade, par suite de la rapidité et de l'exagération du mouvement réactionnel consécutif (1).

La conclusion qui se dégage de ces faits est qu'il faut proscrire tout exercice exagéré après une application hydrothérapique froide. On recommandera uniquement la marche modérée, pratiquée plus ou moins lentement suivant la saison et la température ambiante (2). Le malade ne devra pas être couvert de vêtements trop chauds, et évitera de se soumettre aux rayons trop ardents du soleil, d'y séjourner en repos ou de s'approcher du feu : toutes ces causes, on le comprend, tendraient à échauffer la température de la peau, et par conséquent à contrarier l'action frigorigène de l'eau froide, puisque le sang des parties profondes ne trouverait plus, dans les mouvements d'oscillation incessants de la réaction circulatoire, un sang refroidi à la périphérie au contact duquel il pourrait venir se réfrigérer.

Chez les malades impotents la marche sera remplacée par le massage ou l'exercice passif des membres. Quant à l'enveloppement dans des couvertures de laine, il faut le réserver pour les cas où les sujets

---

(1) Nos expériences infirment complètement les conclusions du Dʳ Couette qui prétend (*loc. cit.* p. 47) que l'exercice même exagéré, course, haltères, produit toujours un abaissement de la température centrale.

(2) Le jeu de billard, le jeu de croquet, peuvent être également compris parmi les exercices modérés.

ont de la peine à se réchauffer spontanément, et en cesser l'emploi aussitôt que ceux-ci éprouveront une sensation de chaleur superficielle ; car ces enveloppements élèvent outre mesure la température du milieu, échauffent la peau, et ne sont utiles que pour favoriser la réaction circulatoire : une fois que celle-ci est établie, ils ne pourraient que s'opposer, en surchauffant l'enveloppe cutanée, à la rapidité et à l'étendue de l'action frigorigène.

§ 16. — DE L'EXERCICE MUSCULAIRE PENDANT LA RÉACTION PROPREMENT DITE.

Peut-on fixer la durée de l'exercice modéré que l'on devra pratiquer après la douche ou la piscine froides.

Quand l'action frigorigène de l'application froide est complètement terminée, c'est-à-dire lorsque la chaleur animale est arrivée au degré le plus bas de la chute thermique (1), alors commence le phénomène de la réaction proprement dite, par lequel l'organisme tend spontanément à récupérer le coefficient de calorique qui lui a été soustrait, phénomène qui se manifeste objectivement par l'ascension progressive de la température centrale vers la normale.

L'apparition et la durée de ce mouvement réactionnel sont variables. Avec les piscines il se montre plus tardivement et évolue plus lentement qu'avec les douches. Il est également soumis, ainsi que nous le savons, à la continuité et à l'intensité de l'exercice consécutif.

_____

(1) Ce qui indique que la soustraction de calorique est alors uniformément répartie entre la périphérie et les parties profondes.

Au moment où ce mouvement de réaction commence, c'est-à-dire lorsque se réveillent d'elles-mêmes dans l'économie toutes les fonctions de calorification, l'exercice musculaire, la marche par exemple, n'est plus aussi nécessaire. Les expériences 15, 18, 21, 22 montrent, en effet, qu'à partir d'un certain moment les périodes de marche ou de repos n'ont plus une influence bien appréciable sur l'évolution de la température : il semble que la spontanéité physiologique de l'organisme se charge elle-même de rétablir l'équilibre momentanément interrompu de la chaleur animale.

Il est difficile d'apprécier sur soi-même, sans le secours du thermomètre, l'instant exact où est terminée l'action frigorigène et où commence la réaction. Aussi est-il préférable de pécher par excès dans la durée de l'exercice modéré après l'application froide. Beaucoup de malades, en effet, se basant sur la sensation agréable de chaleur qu'ils éprouvent après dix minutes ou un quart d'heure de marche, sont persuadés que « leur réaction est terminée » — telle est leur propre expression, — et se reposent imprudemment : or il arrive souvent, dans ces conditions, qu'ils ressentent, peu de temps après, de petits frissonnements qui montrent jusqu'à l'évidence que l'action frigorigène seule se produit et que la réaction n'est pas encore commencée.

Si nous pouvions proposer une durée moyenne, nous dirions que la promenade après l'application froide doit être de trois quarts d'heure à une heure environ.

§ 17. — DE L'INFLUENCE DE L'EAU FROIDE SUR LA CIRCULATION GÉNÉRALE.

Il est intéressant de dire quelques mots des modifications que présentent l'impulsion cardiaque et les battements du pouls pendant les différentes phases de l'évolution thermique consécutive à l'application froide.

Pendant l'application froide nous n'avons pu apprécier les modifications du pouls, par suite de la durée très courte de cette application. Mais tout fait supposer qu'il se produit, pendant le contact de l'eau froide sur le corps, ce que de nombreux observateurs ont déjà constaté pour des opérations hydriatriques de longue durée, c'est-à-dire une augmentation des battements du pouls.

Pendant la phase de l'action thermogène, c'est-à-dire pendant cette période où l'on constate une élévation temporaire de la température centrale, le nombre des battements du pouls est diminué (1) : il existe donc un rapport inverse entre le pouls et la température.

Pendant l'action frigorigène, si le sujet demeure au repos absolu après l'application froide, le pouls reste toujours au-dessous du chiffre primitif (2), sans offrir toutefois des rapports bien constants avec les oscillations de la température centrale (3).

Si le sujet pratique une marche modérée interrompue par des périodes de repos (4), le pouls suit

---

(1) Exp. 21 et 25.
(2) Exp. 20, 26 et 27.
(3) Exp. 20.
(4) Exp. 18 et 21.

une marche inverse de celle de la température centrale : pendant la marche, alors que la température a une tendance à baisser, le nombre des battements du pouls augmente, mais en restant, cependant, toujours au-dessous du chiffre initial ; pendant le repos, au contraire, alors que la température a une tendance à monter, le nombre des pulsations diminue. Ce phénomène curieux a été exprimé par P. Delmas dans sa quatrième proposition physiologique : « Sous l'influence d'une application froide, les summum et les minimum de la vitesse du cœur correspondent aux summum et aux minimum de la tension artérielle. Par conséquent ils sont dans un rapport inverse de l'état physiologique normal (1). » Il s'explique par ce fait que l'exercice musculaire augmente toujours l'activité de l'impulsion cardiaque, quelles que soient les conditions physiologiques dans lesquelles se trouve l'organisme, tandis qu'après une application froide cet exercice tend à exagérer l'abaissement de la température du corps pour les raisons que nous avons énoncées plus haut.

Si, au lieu de pratiquer un exercice modéré, on se livre après l'eau froide à un exercice exagéré (2) qui s'oppose à toute hypothermie consécutive, les battements du pouls ne présenteront aucun rapport constant avec la température centrale : leur nombre sera uniquement lié à l'intensité de l'exercice provoqué, et pourra même dépasser le chiffre initial.

Enfin, pendant la phase de réaction proprement dite, alors que la température centrale ne baisse plus,

----

(1) *Loc. cit.*, p. 112.
(2) Exp. 25.

mais remonte au contraire plus ou moins régulièrement vers la normale, le pouls est variable dans ses
rapports avec la température : le plus souvent il est
en rapport direct avec celle-ci (1), mais avant tout
il reste soumis à l'état statique ou dynamique de
l'individu.

§ 18. — EXPÉRIENCES.

3. — Préaction par la marche. Immersion dans la piscine à 7°
pendant 3 secondes. Pas de frictions. Repos consécutif.

Avant l'immersion, temp. sub-linguale.........	37°,6
5 minutes après...............................	37, 45
15 min..	37, 45
20 min..	37, 4
30 min,.......................................	37, 3
40 min..	37, 2
45 min..	37, 3
50 min..	37, 2
55 min..	37, 2
1 heure.......................................	37, 15

4. — Préaction par 15 minutes de gymnastique. Immersion à
7° pendant 3 secondes. Pas de frictions. Repos consécutif.

Avant l'immersion, temp. sub-linguale.........	37°,4
5 minutes après...............................	37, 4
10 min..	37, 4
15 min..	37, 4
20 min..	37, 3
25 min..	37, 2
30 min..	37, 2
35 min..	37, 2
55 min..	36, 9
1 heure 20 min................................	36, 8
1 heure 30 min................................	36, 8
1 heure 40 min................................	36, 8

(1) Exp. 20 21, 26, 27.

Alternatives irrégulières
de repos et de marche.

3 heures 30 min........................... 37, 2

5. — Préaction. Immersion à 7° pendant 3 secondes. Pas de
frictions.

Imméd. avant l'immersion, temp. sub-linguale.. 37°.2

	Repos.
5 minutes après........................	37°,2
15 min................................	37, 2
20 min................................	37, 2
25 min................................	37, 2
30 min................................	37, 2
35 min................................	37, 2
45 min................................	37, 1
50 min................................	37, 1
1 heure...............................	37, 05
1 heure 5 min.........................	37, 05

	Marche.
1 heure 20 minutes....................	37°,2
1 heure 25 min........................	37, 25

	Repos.
1 heure 35 min........................	37, 2
2 heures 30 min.......................	37, 2

6. — Pas de préaction. Immersion à 7° pendant 3 secondes.
Pas de frictions.

Imméd. avant l'immersion, temp. sub-linguale.. 37°

	Repos.
5 minutes après.......................	36°,7
10 min................................	36, 7
18 min................................	36, 8
25 min................................	36, 8

	Marche.
30 min................................	36° 7
35 min................................	36, 7
40 min................................	36, 7
45 min..	36, 55
50 min......	36, 55

	Repos.
55 min	36°,7
1 heure	36, 7
1 heure 5 min..................................	36, 8
1 heure 10 min................................	36, 9

	Marche.
1 heure 35 min...............................	36°,9

	Repos.
1 heure 40 min...............................	36°,9
1 heure 45 min...............................	36, 9

	Marche.
1 heure 50 min...............................	36°,9
1 heure 55 min...............................	36, 9

	Repos.
2 heures......................................	36°,9
2 heures 5 min...............................	36, 9

	Alternatives irrégulières de repos et de marche.
3 heures......................................	36°,8

7. — Préaction par 15 minutes d'escrime. Immersion à 7° pendant 10 secondes. Pas de frictions.

Imméd. avant l'immersion, temp. sub-linguale.. 37°,2

	Repos.
5 minutes après.............................	37°,35
10 min...	37, 3
15 min...	37, 3
20 min...	37, 2
25 min...	37, 2
30 min...	37, 2
35 min...	37, 15
45 min...	37, 1

	Marche.
1 heure 10 min...............................	37°,2

	Repos.
1 heure 30 min...............................	37°,2

	Alternatives irrégulières de marche et de repos.
2 heures........................	37°,2
3 heures........................	37, 1

8. — Pas de préaction. Immersion à 7° pendant 10 secondes. Pas de frictions.

Imméd. avant l'immersion. temp. sub-linguale.. 37°

	Repos.
5 minutes après...........	36°,9
10 min....................	36, 9
15 min....................	36, 8
20 min....................	36, 9
25 min....................	36, 85
30 min....................	36, 8
35 min....................	36, 85

	Exercice au jeu de billard.
45 minutes..............	36°,75
55 min..................	36, 6
1 heure.................	36, 7
1 heure 5 min...........	36, 7

9.   Préaction. Douche en jet brisé à 7° de 10 secondes. Pas de frictions. Repos consécutif.

Avant la douche, temp. sub-linguale...........	37°,2
4 minutes après...............................	37, 6
8 min...	37, 4
15 min..	37, 4
40 min..	37, 35
55 min..	37, 35
1 heure 15 min................................	37, 35

10. — Préaction par 15 minutes de gymnastique. Immersion à 7° pendant 3 secondes. Frictions.

Imméd. avant l'immersion, temp. sub-linguale.. 37°,1

	Repos.
6 minutes après...............................	37°,3
10 min.......................................	37, 3
15 min.......................................	37, 2
23 min.......................................	37, 1
30 min.......................................	37
35 min.......................................	36, 9
45 min.......................................	36, 9
1 heure 5 min...............................	36, 8
1 heure 10 min..............................	36, 8
1 heure 45 min..............................	36, 7

Alternatives irrégulières
de marche et de repos.

| 3 heures..................................... | 37° |
| 4 heures..................................... | 37, 1 |

11. — Pas de préaction. Immersion à 7° de 3 secondes. Frictions. Repos.

Temp. sub-linguale............................	37°,2
10 minutes après l'immersion.................	37, 4
15 min.......................................	37, 5
20 min.......................................	37, 2
30 min.......................................	37, 1
35 min.......................................	37, 2
45 min.......................................	36, 9
1 heure 10 min...............................	37, 05

12. — Préaction par le jeu de paume. Immersion à 7° pendant 3 secondes. Frictions. Repos.

Temp. sub-linguale............................	37°,1
8 minutes après l'immersion..................	37, 3
15 min.......................................	37, 1
30 min.......................................	37, 9
45 min.......................................	36, 9
55 min.......................................	36, 9
1 heure 20 min...............................	36, 65
1 heure 30 min...............................	36, 65

13. — Pas de préaction. Immersion à 7° pendant 3 secondes. Frictions. Repos.

Temp. sub-linguale........................ .... 37°,4
10 minutes après l'immersion................. . 37, 2
30 min.................................... ···· 37, 3
50 min.............................. .... 37, 2
1 heure 5 min........... .... 37, 1
1 heure 30 min 37
1 heure 45 min.............................. 37, 3

14. — Préaction par 20 minutes d'escrime. Immersion à 7° pendant 10 secondes. Frictions.

Temp. sub-linguale.... .... 37°,45

	Repos.
5 minutes après l'immersion.....	37°,8
10 min......................	37, 8
15 min....................................	37, 2
20 min.....................................	37, 15
25 min....................................	37, 2
30 min...	36, 9
35 min.......................	36, 9
40 min...... •	37, 25
45 min.......................... .	37, 15
50 min....................................	37, 15
1 heure...............................	37
1 heure 5 min............................	37
1 heure 10 min....	37
1 heure 20 min...........................	36, 85
1 heure 30 min......................... .	37, 05

	Marche.
1 heure 40 min......	36°,6
1 heure 50 min....................	36, 6

	Repos.
2 heures 10 min	36°,8
2 heures 25 min.......................	37, 1
2 heures 35 min.....	37, 2

Alternatives irrégulières
de marche et de repos.

3 heures 15 min... .... 37°,3

15. — Pas de préaction. Immersion à 7° pendant 10 secondes. Frictions.

Temp. sub-linguale........................... 36°,9

Repos.

5 min. après l'immersion..................... 36°,6
10 min................................. 36, 6
15 min................................. 36, 6
20 min................................. 36, 65
25 min................................. 36. 65

Marche.

35 min................................. 36°,4
45 min................................. 36, 4

Exercice exagéré : course.

1 heure................................. 36°,9

Repos.

1 heure 15 min.......................... 36°,9
1 heure 20 min.......................... 36, 9

Exercice au jeu
de billard.

1 heure 40 min.......................... 36°,8
1 heure 50 min.......................... 36, 8

Repos.

2 heures................................. 36°,85

16. — Préaction. Douche en jet brisé à 7° de 10 secondes. Frictions. Repos.

Temp. sub-linguale..................... 37°,2
5 minutes après la douche............. 37, 2
8 min................................. 37, 3
15 min................................. 37, 2
35 min................................. 37, 2
50 min................................. 37
1 heure................................. 37, 1

17. — Préaction par le jeu de paume. Immersion à 7° pendant 3 secondes. Frictions.

Temp. sub-linguale .... 37°,2

	Repos.
5 minutes après l'immersion............... .	37°,45
10 min....................................	37, 4
20 min....................................	37, 2
30 min...................................	37
40 min.	37
55 min....................................	37
1 heure 25 min	36, 75

	Marche.
1 heure 40 min.....................	36°,55

	Repos.
1 heure 30 min...	36°,65

18. — Pas de préaction. Immersion à 7° pendant 10 secondes. Frictions.

Temp. sub-linguale.................	37°,25 ; Pls : 86
5 minutes après l'immersion........	37, 25 ; — 72
10 min...................	37, 25 ; — 72

	Marche.
20 min........	37°,15; Pls : 76
25 min...........................	37, 1 ; — 80
35 min...................	36, 8 ; — 74

	Repos.
40 min......................	37°,2 ; Pls : 68
50 min...........................	37, 2 ; — 68

	Marche.
1 heure 5 min....................	36°,95 ; Pls : 88

	Repos.
1 heure 20 min..................	37°,2 ; Pls : 72

	Marche et repos. alternativement.
2 heures........................	37°,4 ; Pls : 76

19. — Préaction par 15 minutes de gymnastique. Immersion à 7° pendant 3 secondes. Frictions.

Temp. sub-linguale............................ 37°,1
5 minutes après l'immersion................... 37, 2
6 min.. 37, 3
8 min.. 37,.4

                                                Marche.
20 min... 37
35 min... 36, 4

                                                Repos.
45 min... 36°,6
50 min... 36, 9
55 min... 37
1 heure.. 37, 05

                                                Marche.
1 heure 5 min.................................. 37°,1
1 heure 10 min................................. 37, 2
1 heure 20 min................................. 37, 05

                                                Repos.
1 heure 30 min................................. 37°,2

20. — Pas de préactions. Immersion à 7° pendant 10 secondes.
Frictions. Repos.

Temp. sub-linguale................. 37°,2 ; Pls : 90
5 minutes après l'immersion........ 37, 05 ;   —   80
10 min. .... 37, 05 ;   —   76
15 min............................. 37, 05 ;   —   76
20 min............................. 37, 05 ;   —   76
25 min............................. 37 ;   —   76
30 min............................. 37.
35 min............................. 36, 95 ;   —   72
40 min............................. 36, 9 ;   —   76
45 min............................. 36, 9.
50 min............................. 36, 85 ;   —   68
55 min............................. 36, 8.
60 min............................. 36, 8 ;   —   64
1 heure 5 min...................... 36, 8.
1 heure 10 min..................... 36, 85 ;   —   68
1 heure 15 min..................... 36, 8 ;   —   66
1 heure 45 min..................... 36, 8 ;   —   66

3 heures 10 min. (Repos et marche al-
ternativ.)......................... 36, 8,

21. — Pas de préaction. Immersion à 7° pendant 3 secondes. Frictions.

Temp. sub-linguale...............	37° ; Pls : 86
8 minutes après l'immersion....	37, 2 ; — 76
15 min.......................	37 ; — 80
	Marche.
25 min....................	36°,9 ; Pls : 82
35 min................... ..	36, 8 ; — 78
	Repos.
40 min....	36°,9 ; Pls : 70
45 min......................	37 ; — 70
60 min....	36, 9 ; — 65
	Marche.
1 heure 20 min................... .	36°,9 ; Pls : 84
1 heure 30 min................	36, 9 ; — 80
	Repos.
1 heure 40 min......	37° ; Pls : 76
	Marche.
2 heures........	37° ; Pls : 82

22. — Préaction par 15 minutes de gymnastique. Immersion à 7° pendant 3 secondes. Frictions.

Temp. sub-linguale..................	37°,3
5 minutes après l'immersion........	37, 3
10 min..........................	37, 4
15 min...	37, 4
	Repos.
20 min..........................	37°,45
25 min..........................	37, 3
30 min......	37, 2
35 minutes.................... .	37, 4
	Marche.
40 min...	37°,35
45 min.	37
	Repos.
50 min.......................	37°,05
55 min..................	37, 05

	Marche.
1 heure.....................................	37°,2
1 heure 5 min..............................	37, 2

	Repos.
1 heure 10 min...........................	37°,2
1 heure 15 min...........................	37, 15
1 heure 20 min...........................	37, 1

23. — Préaction par 10 minutes de marche. Douche en jet brisé à 7° de 10 secondes. Frictions.

Temp. sub-linguale.........................	36°,9
5 minutes après la douche...................	37, 3
10 min.....................................	37, 35

	Exercice à la gym-nastique.
20 min.....................................	37°,25
25 min.....................................	37, 4
30 min.....................................	37, 4

	Repos.
40 min.....................................	37°,5

	Marche.
1 heure....................................	37°,3

	Repos.
1 heure 20 min.............................	37°,5

24. — Pas de préaction. Douche en jet brisé à 7° de 10 secondes. Frictions.

Temp. sub-linguale.........................	36°,8
6 minutes après la douche..................	36, 6
10 min.....................................	36, 55

	Haltères.
15 min.....................................	36°,4
20 min.....................................	36, 5

	Gymnastique.
30 min.....................................	36°,6

	Repos.
40 min......................................	36°,8
45 min......................................	36, 8
	Marche.
1 heure.....................................	36°.8
1 heure 15 min..............................	36, 8
	Repos.
1 heure 20 min..............................	36°,9
1 heure 25 min..............................	36, 95

25. — Préaction par 10 minutes de marche. Immersion à 7° pendant 3 secondes. Pas de frictions.

Temp. sub-linguale................	36°,95; Pls : 100
2 minutes après l'immersion........	37, 2; — 82
6 min............................	37, 25; — 78
10 min...........................	37, 25; — 78
	Gymnastique.
15 min...........................	36°.9; Pls : 120
20 min...........................	37. 2; — 100
	Repos.
30 min...........................	37°,3 ; Pls : 82
	Marche.
45 min...........................	37°,3 ; Pls : 88

26. — Pas de préaction. Douche en jet brisé à 7° de 3 secondes. Pas de frictions. Repos.

Temp. sub-linguale................	37° ; Pls : 80
5 minutes après la douche..........	36, 9 ; — 70
45 min...........................	36, 9 ; — 72
2 heures.........................	37; — 78

27. — Pas de préaction. Douche en jet brisé à 7° de 3 secondes. Pas de frictions. Repos.

Temp. sub-linguale................	37°, 2; Pls : 70
20 minutes après la douche.........	37, 1 ; — 70
1 heure..........................	36, 8 ; — 62
1 heure 55 min...................	36, 9 ; — 66

TABLE DES MATIÈRES

www.ingramcontent.com/pod-product-compliance
Lightning Source LLC
Chambersburg PA
CBHW072016290326
41934CB00009BA/2102